Familia Osorio Roa

Dulce amargo

Dulce amargo

Recuerdos de una adolescente

Dulce María

EDICIONES URANO
Argentina — Chile — Colombia — España
Estados Unidos — México — Uruguay — Venezuela

Reservados todos los derechos. Queda rigurosamente prohibida, sin la autorización escrita de los titulares del *Copyright*, bajo las sanciones establecidas en las leyes, la reproducción parcial o total de esta obra por cualquier medio o procedimiento, incluidos la reprografía y el tratamiento informático, así como la distribución de ejemplares mediante alquiler o préstamos públicos.

1ª edición: Diciembre, 2014.

© 2014 *by* Dulce María
© 2014 *by* EDICIONES URANO, S.A. Aribau,142, pral.—08036, Barcelona
EDICIONES URANO MÉXICO, S.A. DE C.V.
Avenida de los Insurgentes Sur #1722, 3er piso. Col. Florida. C.P. 01030
Álvaro Obregón, México, D.F.

www.edicionesurano.com
www.edicionesuranomexico.com

ISBN: 978-607-9344-59-7

Fotocomposición y Diseño de interiores: Marco Bautista

Impreso por Quad/Graphics Querétaro, S.A. de C.V.
Fracc. Agro Industrial La Cruz — El Marqués, Querétaro.

Impreso en México — *Printed in México*

En estas páginas,
Dulce escribe su canción más íntima, sincera y bella.

Se desnuda ante el lector y nos conmueve,
y muestra toda la fragilidad y la fuerza
de una auténtica artista de la vida.

Este libro invita a la ¡valentía!

Ángela Becerra

Introducción

Tal y como lo temía de pequeña, cuando vamos creciendo vamos olvidando nuestros sueños y nuestra capacidad de luchar por ellos para volverlos realidad.

Hace poco tiempo me encontré con una Dulce apagada y me dio miedo empezar a "marchitarme" y olvidarme de las cosas que me apasionan y le dan sentido a mi vida, como consecuencia de escuchar al mundo y a la sociedad que siempre quiere llevarnos a todos por el mismo rumbo. Para controlarnos y para que seamos todos iguales, cuando nuestra esencia y naturaleza es ¡ser libres, diferentes y únicos!

Por eso, decidí buscar en mi interior los sueños que había dejado en pausa... y me re-encontré con *Dulce Amargo*, con estos escritos y reflexiones que fueron mi desahogo y le dieron voz a esa etapa tan intensa y confusa que es la adolescencia. Estos escritos fueron y serán parte de quien soy.

Al leerlos recordé que nada es en vano, que todo lo que sucede, bueno o malo, es pasajero y es para enseñarnos y prepararnos para un bien mayor.

En estos casi 7 años que han pasado desde que salió la primera edición de este libro, he aprendido y entendido cosas que en ese momento no comprendía... y creo que al estar ahora yo en una posición donde muchos adolescentes pueden escuchar mi voz, quiero dejarles un mensaje, y que sepan que no por tener esta carrera soy ajena y diferente, al contrario, conozco la soledad, la tristeza, la pérdida, la traición, la injusticia, el luchar contracorriente, el desamor, la frustración, las derrotas y la adversidad; pero también conozco el amor, la alegría, la amistad, las bendiciones, los regalos de la vida -que son gratis-, el triunfo y el tener un sueño por el cual luchar para verlo ¡hecho realidad!

Al final, estamos en este mundo de paso, y lo único que se quedará cuando nos vayamos es lo que hayamos hecho por amor, en los corazones a los que hayamos llegado y en las vidas que hayamos tocado.

Aprendí que la sensación de ese vacío tan grande que trae el desamor como el sentirte que eres más de alguien que tuya, como el entregar todo a alguien que no te corresponde y sentir que la vida no tiene sentido si esa persona no está... es porque buscamos afuera lo que sólo podemos encontrar adentro. Porque ninguna persona nos dará el amor que buscamos si antes no nos amamos a nosotros mismos. Y ese vacío en El ALMA que queremos llenar con cosas del mundo... sólo lo puede llenar "alguien" que no es del mundo, pero que vive en nuestro corazón: Dios.

Y creo que esta frase aplica en todos los aspectos de nuestra vida "Busca y encontrarás". Busca lo que más amas, lucha por tus sueños y por lo que te apasiona, busca tu misión en esta vida pues todos tenemos una, da gracias por lo que tienes en vez de enfocarte en lo que te falta, sé el cambio que quieres ver en el mundo. Busca a Dios y te encontrarás en Él...

Y no importa cuán insignificante creas que es lo que haces, haz algo bueno por los demás, pues con que logres cambiar una sola vida tu existencia ya habrá valido la pena.

Este libro, donde incluyo muchos nuevos escritos de aquella etapa, que no había publicado, es un recordatorio de que los sueños sí se pueden materializar, y cuando algunos no se nos cumplen es porque los planes de Dios son mucho mejores que los nuestros... Siempre.

Con todo mi amor,
DM.

Vive cada segundo

No importa dónde estés ni lo que estés haciendo
en este momento lo que importa es que sepas
que cada instante de mi vida he pensado en ti,
que aun sin conocerte, cada paso en mi camino ha sido
para llegar a ti y cada mañana abro los ojos
con la esperanza de encontrarte,
tarde o temprano llegarás,
y cada noche le pido a la luna que te guie por la vida,
para que llegues pronto por mí.

No importa qué has vivido antes de mí,
lo que importa es que, aun sin conocernos, el
amor ya existe en mí y que mis lágrimas por
fin llegarán a su objetivo, porque sólo con saber
que existes, tú me haces vivir... y cada lágrima
y cada golpe por fin tendrán sentido.
Volvería a recorrer el mismo camino si fuera
para encontrarme contigo...

Podría haber mil aparte de ti
Pero tú siempre serás el primero
Olvidarme de tu recuerdo
Sería como olvidarme de mí…
Te quiero como una loca y te extraño un poco más
Pero sé que era inevitable este final
Tarde o temprano volveré tarde o temprano volverás
Porque yo siempre guardaré tu lugar
Aquí estaré, aunque a veces me sientas ausente
Yo te cuidaré, en las noches más frías yo te abrigaré
Aquí estaré aunque a veces no me sientas presente
Yo te esperaré, por volver a estar contigo siempre lucharé.
Podría estar con 1000 después de ti
Pero tu amor siempre será el verdadero
Me doy cuenta de lo difícil que es separarnos
Amándonos como locos, pero al final,
esta agonía se recompensará.
No quiero cerrar los ojos y en un parpadeo perderte
Confío en este amor que va más allá de la razón
No hay que renunciar, tarde o temprano
juntos vamos a estar.

Magia en el tiempo

*Si la magia no existiera jamás te habrías
cruzado en mi camino.
¿Sabes cuántas veces te pienso y sin querer sonrió?
¿Sabes cuántas veces me rindo y al recordarte lo intento?
Así es lo más simple, así de complejo,
sin tener nada lo tienes todo…
Sin abrir los ojos te veo en un sueño eterno…
Así es la magia, un susurro del viento que dura poco
y se tatúa en el tiempo… Se queda en la eternidad
de una caricia, en la luz de una sonrisa
y en la profundidad de una mirada…
Es un misterio el porqué vives en mi como un fantasma,
que aparece y desaparece
que vive y muere cuando quiere…
Así eres tú, permaneces en mi mente.
Estás en mi inconsciente, en mis sueños y en mi alma.
No estás en mis planes, pero nunca sabes… Si algún día
o en algún lugar del tiempo, nos juntemos a desenterrar
los sueños que compartimos en algún momento…*

Aquí estoy

Aquí estoy descifrando el porqué de tu partida
Paso de acusarte a defenderte, de culparme a no entenderte y al final, termino entre la nada de siempre
Si alguna vez me hiciste soñar, debo confesar que mis sueños los partiste a la mitad
Si volví a creer en el amor fue por ti y hoy me dejas aquí sin saber adónde ir
Le devolviste el sentido a mi vida y a mi corazón la sonrisa
Hoy te vas dejando sólo oscuridad

Me hiciste creer en fantasías
Me envolviste en tus mentiras
Hoy mi alma se siente vencida
y mi sonrisa está vacía
Aquí estoy tratando de cerrar la herida
que dejó tu partida, paso de extrañarte a no quererte
De buscarte a no encontrarte…
Si alguna vez te hice sufrir no fue por mí
Tengo una mala idea del amor y no era por ti…

*Dónde estás, me dejaste con la maleta llena
y la sonrisa vacía, con la cara empapada en llanto
y el corazón secándose en pedazos, no es que quiera
volver a ti, pero es verdad que nada es lo mismo sin ti,
y aún no entiendo por qué te fuiste, tampoco entiendo
para qué llegaste, tan solo miro tu retrato, con ganas
de volver a tenerte a mi lado… en dónde estás,
me dejaste el alma confundida y la mirada perdida,
vivo sonriendo día a día con tristeza contenida,
no es que quiera que vuelvas a mi,
pero es verdad que nada es igual sin ti…*

Es increíble la soledad que puedes sentir
en medio de un mar de gente, la vida llena
de promesas sin cumplir, llena de sueños
rotos e ilusiones perdidas…

Algún día volví a creer, con una sonrisa
aprendí a soñar, pero hoy no encuentro
la magia… hoy no encuentro
el motivo por el cuál vivir.

Me siento tan pequeña en un mundo
tan grande y en tu mundo ya no soy nadie,
es increíble cómo el amor vuela y no deja
huella, sólo lagrimas que se van tras de él…
y me siento morir, me duele tanto el corazón
y no hay manera de detenerte
o encontrarte…

Ven pronto por favor.

Sé tú mismo

ILOILO
R No. 31080

*Hoy no he encontrado la forma de estar en paz
hoy no sé si dormir o no parar
intento ser parte de la sociedad, para ejercer
mi libertad, y me siento diluida en una misma
mentira en el vacío que te deja ser
una persona más…
sé tú mismo, busca tu misterio, imponte ante
la vida, marca tus ideas y nunca te rindas,
no quieras ser igual a lo que parece normal…
no te engañes, sé distinto, no te limites más
hoy no he encontrado la felicidad
la busco en los huecos de los que piden
tranquilidad y sólo encuentro decepción, intento
ser parte de la misma idea, la misma que día
con día nos lleva a la ruina.*

Amor de sal, sal de mí
tan tarde llegaste y tan temprano te has ido
en lo absurdo de esta noche medito en silencio
¿Por qué no abrimos los ojos cuando tenemos
la magia enfrente?
¿Por qué no te entregué mi alma cuando la pedías?
¿Por qué te escuché tanto tiempo en silencio
reprimiendo mis sentimientos?

Sal de mí, amor de sal
Vivo encadenada a tu recuerdo
a tu loco amor que día tras día me domina
que a veces me mata y otras veces me hace sentir viva.
Amor de sal, no seas cruel
dame la dulzura que mi alma necesita
devuélveme la miel que por mi corazón ya no transita
no le eches más sal a mis heridas…
Amor de sal, sal de mi…

Pobre luna

¿Por qué tan sola? Blanca y luminosa, mágica
y hermosa ¿Por qué tan sola? Diamante de la oscuridad,
valiente como ninguna, en medio de todo,
brillando entre la nada alumbras con tu luz,
hipnotizas con tu hermosura,
eres mística como la noche y sin ti no hay noche,
eres tan pequeña y significas tanto, y ahí estás tú…
tan sola, rodeada de estrellas que no te dicen nada,
pobre luna, ¿qué pensarás en las noches?
Lloras por aquel astro que un mal día te abandonó
y recorres el mundo la noche entera y no logran coincidir,
cuando es de día, él no te ve y cuando empieza
a obscurecer, que por fin vas a encontrarte con él,
llegas tú y él ya se fue. Así es el destino… dulce y cruel.

*Pobre luna, aquel señor que nos cubre todo el día
no ha alcanzado a reconocer tu mística belleza, tu magia
encantadora, tu misterio que hipnotiza… está ocupado
en otras cosas mientras tú lo observas noche y día…
Pero ya no llores luna mía, ojalá mis palabras alcancen
a escucharse en tu corteza blanca, porque yo sé
que llegará el día en que el sol por fin te vea,
y se paralice ante tu belleza y tu entereza,
y la noche se alargue porque el sol está ocupado viendo
a su incondicional enamorada, que siempre ha estado sola
reflejando al mundo… y es de admirarse que con tanto
dolor su luz no se haya podido apagar… dulce ironía que
quien más la hizo sufrir, es quien la hacía brillar…*

Sola en la batalla

*Aquí estoy, entre paredes y cristales que no me escuchan
y nada pueden hacer por mí, sin un abrazo
ni una caricia, ni siquiera una sonrisa que me diga
que todo va a estar bien...
Grito pero nadie me escucha, estoy cansada de luchar,
mi alma está cansada, ahogada en un llanto
que no parece ver el final.
Tengo tantas ilusiones hechas trizas, tantos sueños
enterrados en la arena de mis mejores días contigo
y mis peores pesadillas a tu lado. He aprendido a seguir
sola, con la espada en alto para estar en la batalla
y no darme por vencida ni aun vencida como lo estoy
ahora... ya no sé qué hacer, al parecer te entregué
mi corazón y lo tiraste a la basura... hoy no he logrado
recuperarlo entre tanta malicia y tanta mentira,
está perdido esperando que algún día lo encuentren
aún con vida.*

Residuos de amor

Esta noche se me ha congelado el alma.
Cuando creí que todo estaba en calma, una llama se encendió
en mi pecho diciendo a gritos que no te has ido... Mi corazón
tiene tanto tiempo pidiendo auxilio y después de tantos
intentos hoy sentí cómo mi corazón palpitaba tristemente
llorando tu nombre, cómo se hacía pedazos y se derramaba
mi sangre lentamente, helando mi cuerpo, dejando todo
muerto, con el terrible miedo de amar nuevamente
y con la impotencia de no poder arrancar este amor
que sólo me trae llanto.
En este corazón que está en pedazos sólo quedan residuos
de ternura, espinas de amor, algunas llamas que aún
conservan la pasión reprimida y todos mis latidos buscan
un alivio y ya no se encuentran contigo, y mis lágrimas hacen
un mar de agua envenenada que ya no me lleva hacia a ti...
Todas mis lágrimas se van con el agua y es un dolor tan fuerte,
que me mata lentamente y nadie está consciente,
es encontrarte sin buscarte, es perderte a diario sin tenerte,
es amarte sin quererte, es buscarme y encontrarte...
Y entender que aunque la noche está muy triste la luna
no me miente, me sigue mirando fijamente demostrando
que cumple su palabra y que el ayer no fue mentira.

Es la magia de sentir sin saber, de entender que somos uno y a la mitad jamás estaremos bien… Es levantar la frente y seguir con el corazón lleno de heridas, porque sé que las cosas pasan por alguna razón, porque aunque te derrumbes, serás capaz de repararte con la luz de tu alma, con la magia y la fe que te mantienen con vida cada día, aunque todo se nuble y hasta la esperanza dude.

El sol

¿Por qué si el sol sale para todos,
los humanos se empeñan en hacer diferencias?
La lluvia nos moja a todos y la luna ilumina
al mundo sin envidia…
Será que la naturaleza no tiene malicia,
no compite, no traiciona, no engaña, no renuncia…
No tiene nada que perder ni que ganar,
porque sabe que es perfecta y única tal cual es…
Simplemente comparte su belleza y su magia
con quien sea capaz de apreciarla y valorar
las cosas simples, los detalles, los instantes que te roban
el aliento y te aceleran el corazón, pues de ellos está hecha
la vida y aquello que no se ve ni se toca,
es, y será siempre, lo más importante.

sale para todos

El amor en la realidad

El amor en ocasiones es un espejismo.
Ves tu reflejo en la persona que amas con la esperanza
de que sea igual a ti, entonces tu mente vuela
y hace una ilusión…
Una utopía de lo que tú quisieras que fuera esa persona
y crees ser feliz… pero en realidad estás viendo
un espejismo, estás viviendo en una historia, una fantasía
que tú creaste y no quieres despertar y ver la realidad…
Cuando el verdadero amor se construye,
es amar intensamente en un sueño, pero con los ojos
abiertos, aceptando a las personas con sus defectos
y virtudes, con su luz y su oscuridad,
con sus ángeles y demonios…
Es querer ser mejor para el ser que amas, es darte cuenta
que el amor no es un cuento de hadas, pero hay
momentos que hacen que valga la pena una vida,
instantes de magia que se graban en la eternidad…
Es compartir tus sueños, tus miedos, tus lágrimas
y risas… Tal vez no sé mucho del amor,
lo único que sí sé es ¡qué vale la pena!
Qué el amor sea tu sueño y tu realidad.

Hoy me siento plena, fuerte y contenta con lo que soy.
Hoy no necesito que me digas que todo está bien.
Hoy sé quién soy…
Perdida en mis recuerdos por fin me encontré.
Y cada despertar es una nueva oportunidad
para cambiar el rumbo, para disfrutar la vida.
Y cada anochecer es una cita entre misterio
y realidad para que no se te olvide soñar.
Hoy quiero agradecer por el simple hecho
de estar viva y ser parte de la magia
que nos rodea en esta extraña realidad.

Alguien

¿Para qué nos hacemos historias de amor en la cabeza?

¿Por qué necesitamos algo a que aferrarnos
y creer fielmente? Si nos tenemos a nosotras mismas.

¿No eres tú suficiente para sentirte segura y saber que
hay alguien que nunca te va a abandonar?

¿Por qué en los momentos más tristes hay alguien
que llora contigo?, le duele porque a ti te duele,
te entiende perfectamente bien cuando te enojas
porque comprende que en el fondo de tu enojo hay
dolor y no te deja nunca sola.

¿Por qué en los momentos más felices brinca, baila,
juega, sonríe y sueña contigo y en los momentos
más difíciles, cuando sientes que el mundo está
en tu contra, sabes que ese alguien va a saltar
para defenderte y para no permitir que alguien
te haga daño… Ese alguien nunca te va a traicionar
y nunca te va a dejar sola, llegó contigo
y se irá contigo, ese alguien ¡eres tú!
No te olvides de ti…

Amor ideal

Hay algo más arriba, algo que no termina

El amor de verdad

Ése no miente, ése no se va

Ése no te deja, ése no se cansa

No se da por vencido

Ése lucha hasta el final

Crece y florece, vibra y arde

Brilla con una mirada y se estremece con un beso

Te pierdes en el cuerpo y te encuentras en el alma

Te fundes en sus brazos y las palabras salen sobrando…

Si sólo pudiera conocerte, si sólo supiera cómo eres

Si pudiera alcanzar tu mano y sin tocarte sentirte

Si pudiera mirarte y sin hablar escucharte

Si pudiera tenerte en frente y sin conocerte amarte

Y poder reconocerte sin temor a equivocarme…

La vida como buena alma femenina, es complicada,
sin razones, con reproches, sin muchas soluciones,
y algunos temores...

Es valiente, determinante pero vulnerable.
La vida es bella, es frágil pero nunca débil,
es fuerte más no insensible.

La vida sigue su camino, pero nunca olvida,
te cierra muchas puertas, pero te enseña muchos
caminos, la vida te da muchos golpes, pero sabe
cuándo parar.

*La vida tiene muchos deseos
pero no confunde el amor con el placer.*

*La vida no te hará promesas que no podrá cumplir,
pero te dará esperanzas para que luches por tu sueño.*

*La vida te pone obstáculos para que te detengas
a observar el horizonte y tomes un respiro
en los momentos más difíciles, la vida es amarga,
pero tiene momentos de dulzura, la vida es salvaje
pero jamás ataca a los suyos, la vida está para vivirla
no para entenderla ni juzgarla, la vida es ella misma
no pretende ser diferente, depende de ti cómo quieras
verla, enfrentarla, saborearla y vivirla.*

After 5 days, return to

SAYRE, PA.

CHICAGO
JUN 25
6:30 PM
1937
ILL.

DUE
6

Distancia

Mi sangre arde por ti, mientras mis lágrimas hacen un mar hacia a ti.

Los latidos de mi corazón están sincronizados con los tuyos, y por más lejos que estés, sé que estás cerca de mí, sé que aún estoy dentro de ti...

La distancia no son los kilómetros, son los rencores. Estamos lejos por orgullo, no de corazón.

La distancia no acaba con el amor, sólo disfraza el dolor.

Estamos lejos porque se nos salió de las manos la pasión, no por una traición...

Disfraces y Antifaces

En este mundo de disfraces y antifaces, lo más puro se vuelve confuso y se nos hace difícil distinguir lo real de lo trivial, lo banal de lo esencial, a veces un enojo es más honesto que una sonrisa disfrazada de mentira ,una palabra dura es más sincera que una caricia vacía que se disuelve en la rutina...
A veces no valoramos la honestidad de las personas que aún conservan la verdad, nos dejamos llevar por lo que dicen los demás, se nos hace más fácil creer en la gente con disfraz...Y al final cuando ya nadie tenga un antifaz, cuando sólo queden tus ganas de amar, tal vez te encuentres solo, repasando los días de tu vida en que encontraste el amor y lo dejaste pasar, en que encontraste lealtad y no la supiste valorar, porque era más seguro evitar que te vieran realmente, y no ser vulnerable a los demás, pero a ti mismo jamás te podrás engañar... Y eso no los hace más fuertes, los hace cobardes... Hay personas que nunca pierden, que no las lastiman, porque jamás se arriesgan, jamás se han entregado ni han amado de verdad, podrán evitarse el sufrimiento...
Pero jamás disfrutarán de la verdadera felicidad.

*No sé de dónde vienen las lágrimas.
Materialmente pensaríamos…
Son simples gotas de agua que tenemos en el cuerpo.
No, vienen del alma, del dolor que siente tu alma
y tu corazón cuando tu amor se cansa de esperar,
cuando tu alma llora por dentro y hace un mar
inmenso que sale por su reflejo, por los ojos
que son el espejo del alma…
Me cuesta aguantar tanto dolor, tanta mentira,
tanta desilusión, sueños rotos, ilusiones pisoteadas,
amores frustrados, caricias perdidas, miradas
vacías y tanta mentira y tanta injusticia…
Sangrando por dentro y por fuera debo tener una
sonrisa, materializando la falsa alegría, porque
pocas cosas te hacen sonreír cuando tu alma está
agotada… Pero hay una luz que nunca se apaga
porque sigue viva, la esperanza.*

Las lágrimas

Pedacitos de estrellas

A veces cuando estamos muy tristes, nuestros sueños caen al suelo como pedacitos de estrellas que poco a poco se apagan, nuestro corazón llora en silencio, para no hacer ruido…

Los ojos del alma ven más allá de lo que la vista nos permite, y cuando las lágrimas caen, hielan todo el cuerpo, y el corazón, de tanto amar, se convierte en hielo para no sufrir más, para ya no llorar…

Pero no es eterna la oscuridad, al final habrá alguien que te ayude a encender la llama de tu alma y derretir el hielo que el dolor formó en tu interior…

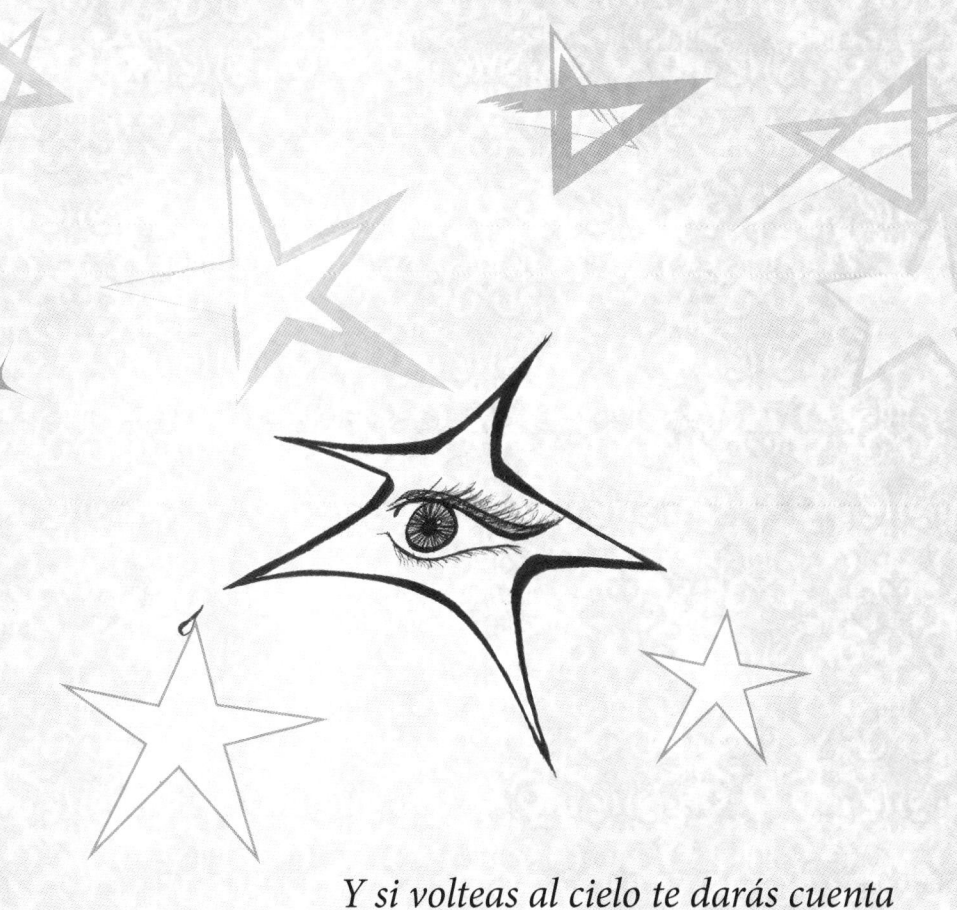

Y si volteas al cielo te darás cuenta que quedan millones de estrellas, y cada una es un sueño por cumplir, aunque algunas se apaguen habrá muchas que apenas comiencen a brillar… Y también te darás cuenta que hay estrellas que aún brillan, pero su luz no es más que un eco, un espejismo de lo que algún día fue su verdadera luz, pero ahora ya no existen. Tú decides en qué creer, sólo no abandones tus sueños porque son la única puerta hacia la eternidad.

Horas perdidas

*Hoy platico con las horas perdidas
Vivo en el tiempo que nos correspondía
y lo dejamos pasar...
Cuántas palabras suspendidas en el viento
cuántas caricias reprimidas en un momento
Me has hecho daño, lo sé
Pero no he podido olvidarte, ya ves
Lejos de mí, tan cerca a la vez
Reprimiendo el sentimiento
que nos tiene al revés
Te acercas a mí para volverme a tener
Te aseguras de mi amor para irte otra vez
Hoy respiro el mismo aire que tú
pero no junto a ti
Vivo en la mentira que un día fue
nuestra realidad
Cuántas ilusiones veo morir en un momento
Creyéndote mío aunque sé que no te tengo...*

Más tuya que mía

Todo lo mío lleva tu nombre
Todo lo que me rodea me recuerda a ti
Eres tan parte de mí que me convertí en tu reflejo
Tanto influyes en mí que a veces me he sentido
más tuya que mía
Cómo hacer para recuperarme si no puedo arrancarte
de mí, te llevo tan dentro, que sería absurdo sacarte
Habría dado todo porque nuestro amor no hubiera sido
pasajero, pero el destino es cruel y no bastó con amarte…

¿Dónde estarás ahora que te extraño más que nunca?
Ahora que mi sonrisa está suspendida en tu despedida…
No sé si volverás o si nunca te has ido
Sólo sé que en ti me pierdo y en ti me encuentro
Que por ti muero y vivo de nuevo

Las apariencias engañan

Venía de un mundo lleno de diamantes
lleno de sonrisas, lleno de disfraces
un mundo en donde aquel que te quiere mucho te
volteas un segundo y se convierte en un cuchillo...
Es difícil caminar entre tanta oscuridad, es difícil
aguantar entre tanta soledad...

Y te encontré una noche de invierno, con un cigarro
encendido y el corazón apagado por aquella gente
que cree tenerlo todo y no tiene nada para dar,
porque no tiene lo esencial,
son los que más vacíos están...

Y terminé con una flor en la mano
y la sonrisa en los labios, porque tú
con la apariencia de no tener nada,
me bastó una mirada para
comprender que la riqueza está
en el alma no en el exterior...

Eres rico por dentro porque la luz
que te guía sigue viva en tu corazón
la pobreza está en el hombre
que no ve más allá de lo material,
que llena de prejuicios su vida
y que no tiene la capacidad
de soñar y sorprenderse con los
regalos de la vida, que son gratis
para todos, porque al final todos
somos uno solo...

Tarde o temprano la vida te pone
en tu lugar.

Buscando en mi reflejo

Buscando entre la nada, con los sueños destrozados,
te encontré a ti
Sólo tú me mirabas a los ojos
Sólo tú sabías que estaba aquí
Buscando en mi vacío, tu luz llenó mi espacio
Sufrí por tantas cosas, lloré por tanta gente
Sin darme cuenta que tú siempre
habías estado para mí
Por qué me fijo en cosas insignificantes
Por qué lloro por quien me hace sufrir
y hago sufrir a quien llora por mí...
Buscando en mi reflejo apareciste tú
Y me dijiste: "nunca has estado sola,
siempre te has tenido a ti".

Buscando en mi reflejo

Buscando entre la nada, con los sueños destrozados,
te encontré a ti
Sólo tú me mirabas a los ojos
Sólo tú sabías que estaba aquí
Buscando en mi vacío, tu luz llenó mi espacio
Sufrí por tantas cosas, lloré por tanta gente
Sin darme cuenta que tú siempre
habías estado para mí
Por qué me fijo en cosas insignificantes
Por qué lloro por quien me hace sufrir
y hago sufrir a quien llora por mi...
Buscando en mi reflejo apareciste tú
Y me dijiste: "nunca has estado sola,
siempre te has tenido a ti."

Ahí estás tú, en todas partes, en todas las cosas
En todos los olores, en todos los sabores
Ahí estás tú, en el canto del viento…

Tú en el ruido del trueno y en lo suave de la lluvia
Tú en lo frágil de una flor, en lo intenso de un volcán
Ahí estás tú, en el mar indomable, en cada ola que
rompe, en cada grano de arena ahí estás tú…

En la sabiduría de un árbol que se ríe de mí
por pretender saber algo del amor…

Todo lo que sé es que siempre estás tú
Aunque me resista, ahí voy con la corriente del río
que siempre me lleva a ti.

Y en primavera ahí estás tú con tu sonrisa,
con girasoles en los ojos que sólo en ti encuentro.
Y pasa el tiempo y sigues estando tú
…llega el invierno y derrites la nieve con tu silencio.

Magia de la vida

A lo lejos está lloviendo
las nubes se han oscurecido
pero el sol no se ha cansado de brillar
en medio de la tormenta hay un arcoíris
gritando al mundo que aun en la tempestad
existen los sueños, sólo para recordarnos que la luz
siempre está ahí, sólo falta abrir los ojos del alma
para que no la cubran nuestros miedos
los rayos del sol alumbran la oscuridad
de las nubes con lluvia y al mismo tiempo se ilumina
mi vida y despierta la magia que hay dentro de mi…

La sabiduría de la naturaleza no nos ha rebelado sus secretos…
El mejor maestro es el que nos deja descubrir las cosas por nosotros mismos
Al ver tanta vida me siento chiquita, y mis problemas a veces me dan risa, al ver que lo que de verdad vale la pena nadie nos lo quita; la luz, el amor verdadero y nuestros sueños…

*Te veo, cierro fuerte mis ojos para disolver
tu imagen de mi mente, pero cada instante apareces
más intensamente.*

*Te alejo por momentos y sin darme cuenta
te sorprendo robando mi tiempo, siendo dueño
de mis pensamientos y desatando mis emociones
que dormían tranquilamente, alejadas del peligro
constante de volver a amarte...*

*Ladrón de tiempo, ladrón de sueños.
Amigo del viento que me habla de ti cada momento.
Devuélveme la cordura, dame un poco de tiempo
para no pensar en ti...*

*Devuélveme la calma, dame por lo menos
un poco de mí.*

Ladrón de tiempo

Hoy la luna no miente, hoy las estrellas me dicen la verdad, hoy tus ojos me encontraron en un camino en el que hace tiempo me había perdido... Sin buscarte, sin pensarte hoy el viento me lleva hasta ti...

Como una ola que se lleva tantas cosas pero siempre llega otra que trae consigo las estrellas y los tesoros del mar, así apareces tú, como un misterioso mensajero lleno de secretos y mensajes ocultos en lo profundo de tu ser, en el destello que tus ojos dejan ver sólo cuando quieren, sólo cuando el alma está dispuesta a desnudarse...

La luna no miente

Me encuentro en ti sin querer, y vuelvo
a encerrarme en esa pequeña cárcel que
mi mente ha construido para mis traviesas
emociones que me traicionan tantas veces
y a veces hay que intentar controlarlas…
Pero hoy no quiero reprimir mi sonrisa
y la ilusión que se encendió en mi corazón,
con una mirada, con la chispa de una sonrisa
y una llama de sueños y esperanzas que vivían
en agonía en lo más profundo de mi cuerpo.
Hoy en este momento, sólo siento, sólo dejo
que hable mi corazón, mis emociones
que quieren correr y no las dejo, y no quiero
saber, sólo quiero creer en la luz de tu mirada,
que llegó a darle color a mi vida, trabajo
a mi mente y calor a mi alma.

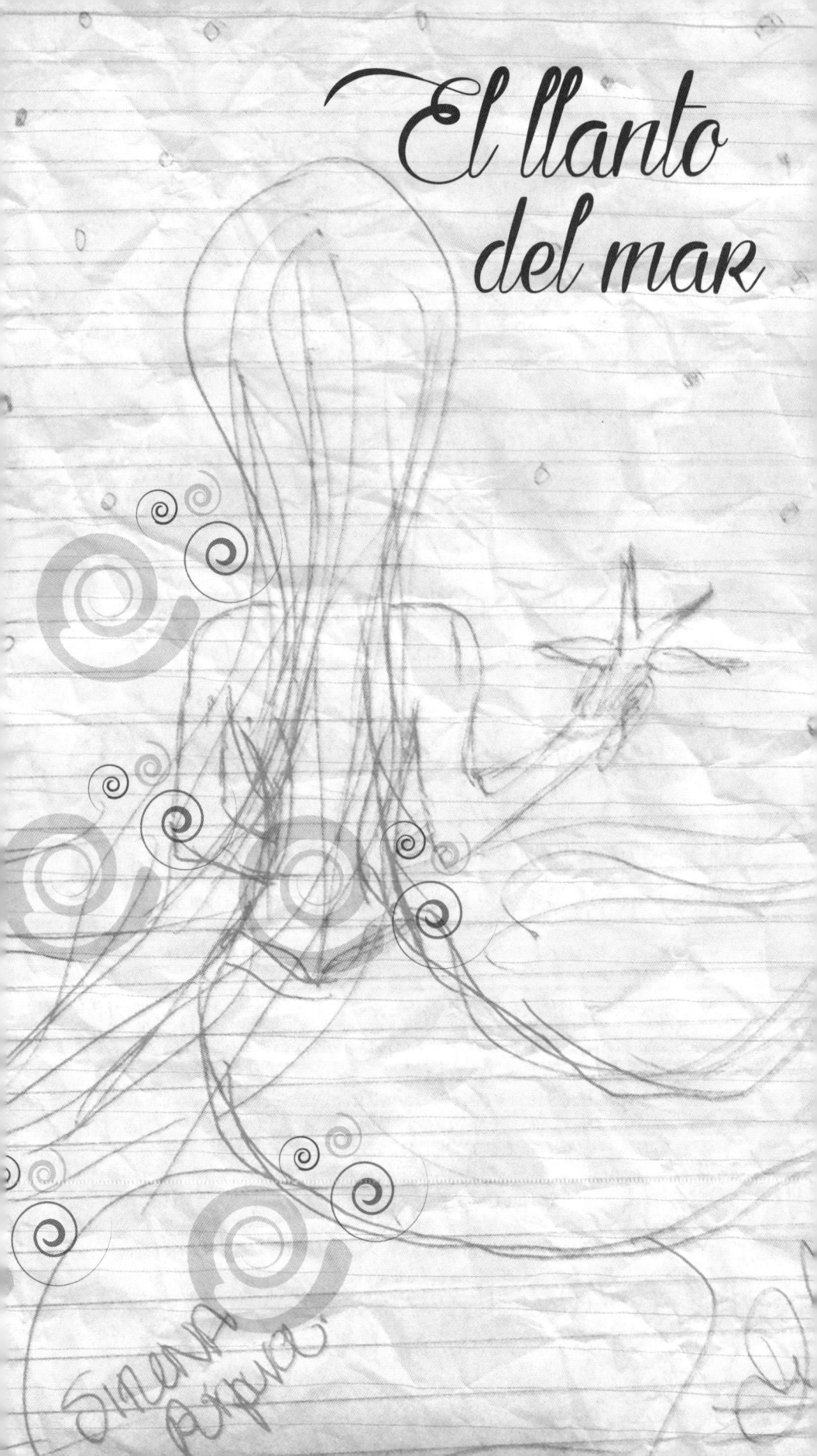

Estrella lejana, con luz de luna
con misterio de la noche y vida del día
con sonidos etéreos y paisajes eternos
puedo ver al viento soplar
escucho las olas romper contra las rocas
que siguen fuertes porque no se deben quebrar
y sin embargo he oído el llanto del mar...
Es sagrado y sabe a sal
espuma blanca es la raíz de sus deseos
la luna lo ilumina con su mística sonrisa
la calma llega a aliviar el temor de lo incierto...
¿Cuántas veces se nos va un amanecer
entre copas de amargura?
¿Cuántas veces intentamos borrar
lo que está tatuado en nuestro corazón?
Así algún día cansados de luchar
guardamos nuestros sueños en el baúl de los recuerdos
donde nadie los pueda encontrar...
Así por miedo, vamos silenciando
lo que nuestra alma grita
se nos va apagando la magia, y endureciendo el
corazón...
Pero aún queda un poco de esperanza, de que algún
día, en algún lugar del tiempo, el amor resucite lo que
ha matado el desamor...

Hay momentos en que la inocencia se nos pierde en el camino, hay días en los que dejamos de ver la luz en una estrella, hay veces que no vemos la luz del sol… Cuando creo que no hay más motivos para seguir, te recuerdo a ti porque me recuerdas a mí, porque hay algo en ti que vive en mí, y hay algo en mí que vive en ti y es increíble el poder que tienes sobre mí.
Es tan sutil como el suave aleteo de una mariposa que con mover sus alas puede cambiar el rumbo.

Efecto mariposa

Así eres tú para mí y es ahí cuando el mundo pierde lo ordinario, cuando mi alma se derrumba y se repara en un segundo, cuando mis lágrimas se secan con la brisa de tu sonrisa, y puede todo el mundo estar oscuro, y tal vez suene absurdo pero yo aún puedo ver lagos de colores que brillan entre nubes y así, desde aquí, pienso en ti y en un instante vuelvo a creer.

Amor gitano

¿A dónde te ha llevado el viento?
¿Podría seguir tus huellas y encontrarte?
En la arena no has dejado rastro
que me ayude a ubicarte.
¿Por qué te fuiste?
¿Qué flores no encontraste aquí?
¿Qué agua dulce te faltó probar?
¿Mi sol no te alcanzó a alumbrar?
¿O tanta luz te llegó a quemar?
¿Por qué huiste?
Te perdí en un remolino de aire
y recuerdos que me robaron el aliento.
Sin ti duele respirar… y cada amanecer
me cuesta despertar.
La lluvia trae las lágrimas del ayer,
las mismas lágrimas que yo limpié
de tu rostro gitano.

*Hoy veo tu cuerpo, el que yo con mis
manos y todo mi ser cuidé por tanto
tiempo, y parece que el secreto
no te ha sido revelado.
La magia tarda en descubrirse,
primero hay que caminar y cruzar
el puente del destino, al final segura
estoy te encontrarás conmigo.
Porque no es fácil olvidar…
Porque lo verdadero siempre será eterno
en la mirada de un corazón extranjero.*

Arcoíris en la luna

Arcoíris en la luna donde nadie se lo espera
Así tal vez eres tú, con el misterio oculto
en tu silencio

Arcoíris en la luna, donde se ven todos tus sueños
Donde la calma te sorprende y las estrellas salen
para verte, y el miedo y el dolor desaparecen

Y ahí donde las piedras nos escuchan, llegaré por ti
Y donde el sol ya no me alumbra, yo veré por ti con
la luz oculta de la luna, por tu sonrisa y tu mirada
profunda, seguiré por hacerte feliz...

Rosa atardecer

Tan fugaz y tan mágico, tan intenso y tan corto que
haces que un instante dure toda la vida.

Tan frágil como una rosa que se cae en el camino
y se corta con sus propias espinas…

Y te encontraré más tarde llorando mis lágrimas,
en un atardecer rosa, con lluvia salada y la luna
en una orilla siendo testigo de la nostalgia en tus ojos.

¿Por qué callas cuando hay tanto que dicen tus
lágrimas? ¿Por qué mientes si tus ojos dicen la verdad?

¿Para qué fingir si la belleza está en la sutil
imperfección de tu existencia?

Igual puede una rosa acariciarme con sus pétalos
como puede lastimarme con sus espinas.

En la belleza está el peligro de mis noches contigo,
de mis sueños etéreos y mis más locas fantasías...

Si conocerte hoy es sólo coincidencia, me alegra
coincidir contigo en este valle de mentiras porque
tus ojos están llenos de misterio y verdad
al mismo tiempo...

Si fuera otro momento, me enamoraría de ti.
Pero no es ni el tiempo, ni el momento y tú y yo
sólo nos cruzamos en esencia no en cuerpo.

Algún día habremos de estar... En otra vida o en
otra estrella.

Tal vez, tal vez no...
Tal vez sólo nos queda aquel rosa atardecer...

Nostalgia

Esta noche callada, mi compañía es la nostalgia
Mi amigo, un cigarro, que tarde o temprano se apaga
Si pudiera correr a tus brazos y decirte te amo...
Pero no puedo, tengo que ser fuerte, aceptar
que te has ido para no volver más
Cómo pudiste olvidar los momentos que pasamos
juntos... La pasión que te di se apagó como el fuego
Nuestro amor se acabó y no consigo entenderlo,
esta noche fría me congela tu partida,
no fue fácil quererte
pero más duro es perderte
Dime de dónde saco la fuerza para estar tan fresca
como lo estás tú... Dónde quedaron las promesas
que hicimos y el amor que compartimos...
Hoy no queda nada en ti, no sientes nada por mí
y yo sigo sólo amándote a ti...

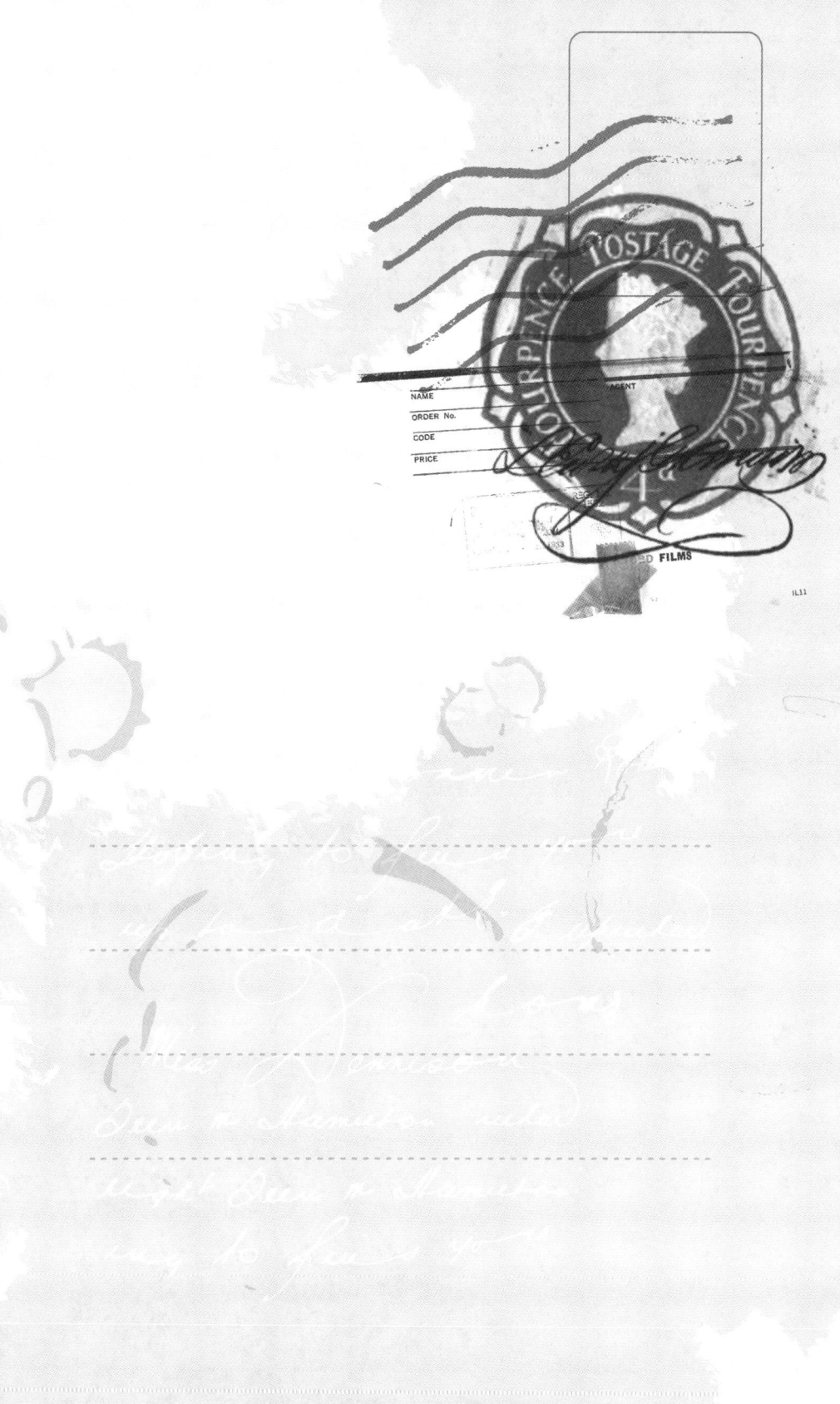

Llegaste tú

Cuando sentí que no podía más
cuando todo estaba oscuro
y no encontraba una razón para seguir

Llegaste tú, con tu sonrisa, con tu magia y el corazón
abierto para mí, a veces no acabo de entender porqué
con sólo verte te empecé a querer
y tengo miedo de tenerte porque no te quiero perder.
Si te llegas a ir contigo se irán mis sonrisas
mis sueños y algo de mi alma
en tan poco tiempo me has dejado tanto…
Si te llegas a ir, conmigo se quedan tus sonrisas
tus besos y algo de tu alma
en tan poco tiempo te has llevado tanto…
Cuando sentí que no encontraría la paz
cuando todo estaba al revés
cuando no encontraba el amor que había en mí
llegaste tú con tu sonrisa, con tu magia, y una razón
para seguir…

Post Card

El amor no es como lo pintan

Me siento terriblemente sola, para donde voltee no queda nada… Di todo lo que podía dar y aun así no fue suficiente

No aguanto ya tanto dolor, tengo que abrir los ojos y ver que la gente no es como yo creía, que el amor no es como lo pintan… El amor duele más que una bala en el corazón, el amor tiene un juego que a veces termina en traición, pero hay veces que vale la pena vivir por una pasión…

Contando estrellas

*Contando estrellas estoy, después de tiempo
sin estar contigo, llevo 99 y no te logro sacar
de mi mente.*

*Tal vez mañana o tal vez nunca me olvide de ti...
Porque tu cuerpo era mi cuerpo
y tu alma mi complemento.*

*Porque te regalé mis sonrisas y ya no me queda
ninguna, porque me devoraste entera y ahora
en tu sudor van mis lágrimas buscando tu amor...*

*Juntando recuerdos estoy pues es lo único
que me queda de ti...*

Olvido

*He agotado las maneras, se me han acabado
las estrategias
No puedo escaparme de ti
Estás en todas partes, de día y de noche
En blanco y negro
En la tierra y en el viento
En el final y en el comienzo
No he encontrado la manera de alejarme…
Vivir contigo es morir en vida si no te tengo
Sin yo quererlo, soy presa fácil de tu juego…
Hoy te he visto disolviéndote en el tiempo
Lentamente como un grano de arena en el desierto
Perdiendo a lo lejos como una luz que brilla
un momento y luego desaparece de nuevo
Así, después de tanto tiempo, mi amor por ti
va desapareciendo
Así, por quererte tan intensamente, hoy ya no te quiero
Así, por dolerme tan profundamente, hoy al fin
ya no me dueles.*

Dónde estás

¿Dónde estás ahora? ¿Será que tan pronto te olvidaste de mí? ¿Tan pronto olvidaste nuestro amor?

Lo que es fácil para ti es muy duro para mí. Siempre ha sido así.

Te extraño como tonta, mi cuerpo pregunta por ti mientras mi corazón se ahoga en llanto…

Ayúdame a calmar este dolor, siento que voy a explotar, todavía tengo mucho que dar, me quedé con ganas de amar, pero sé que tú sólo quieres jugar.

Y siento que te voy a olvidar, si no es ahora, más tarde te irás, me quedé con tus besos en la piel y te llevo tatuado en mi ser.

Sigo siendo la misma, sólo que en mis alegrías hace falta tu risa, tanto amor no se diluye en un adiós.

Por fuera estoy completa pero por dentro me faltan muchas piezas… Mi sangre corre hacia ti y mi corazón, de vez en cuando, deja de latir.

Impotencia

*Qué impotencia sentir tanto amor y no poder salvarlo
Qué impotencia se siente, no poder hacer feliz
a la persona que amas...*

*Si me escucharas esta última vez, si me abrieras tu
corazón, te pediría que disculpes mis errores, que no
te vayas, ni me dejes, no renuncies, ahora que me late
aún más fuerte el corazón, ahora que no podría vivir
sin ti, ahora que tu ser y mi ser son uno mismo, ahora
que estoy dispuesta a vivir junto a ti...*

*Qué impotencia se siente, no poder regresar esos
momentos... Qué impotencia habernos tenido tan
cerca y hoy ser sólo dos desconocidos...*

*Dime cuándo te falle, dime cuándo te mentí.
Dime cómo fue que se extinguió ese fuego en ti.
Me siento vacía, fría y con mucho dolor.*

Siento que estoy en un abismo
y nadie se acerca a detenerme.

Por qué si saben que estás mal se empeñan
en hacerte sentir peor, por qué la gente a la
que le das todo tu amor es la que se burla de ti.

Por qué a la gente que te quiere es a la que
haces sufrir y entregas tu amor a quien
te hace llorar...

Hay que seguir adelante, ser fuerte y alejarte
de la gente a la que no le importa tu dolor
porque sin tu amor, hoy no serían quienes son...
Qué malagradecidos son pues se llevaron parte
de tu corazón.

Cartolina Postale Italiana
(CARTE POSTALE D'ITALIE)

*Podría ahogarme en el mar de tu mirada y sin que
digas nada me tienes desnuda en cuerpo y alma...
Tan profundo como el mar,
tan intenso como la noche,
me iluminas como el sol a la luna...
Con un dulce beso me derrito en tu sendero que
tiernamente me lleva a la hoguera de tu cuerpo,
y como en un hechizo de magia, en un instante
ardo en llamas y milagrosamente salgo sana
y salva, con el fuego por dentro y pureza en el alma.*

NB. Sul lato anteriore della presente si scrive soltanto l'indirizzo.

Que nadie te cambie

¿Por qué tu corazón se siente tan triste?

¿Por qué tus ojos reflejan tanta nostalgia?

¿Por qué tu sonrisa transmite soledad?

¿Qué no te das cuenta de la luz que existe dentro de ti?

¿No te das cuenta de la fuerza que tienes

para levantarte después de caer, a pesar de las adversidades?

¿Que a pesar de las piedras en el camino sigues

caminando con la frente en alto y construyendo

tu destino…?

¿No te das cuenta que eres magia y vida y significas

mucho más que tus lágrimas y que los motivos

que las han causado…?

Que nadie pueda nublar la luz de tu alma

Que nadie pueda apagar el fuego de tu pasión

Que nadie logre romper la ilusión en tu corazón

Que nadie te quite la gloria de estar viva

Que nadie te robe jamás tus ganas de soñar y sonreír

Que nadie te haga dejar de creer

Que nadie te haga sentir que no mereces algo

Que nadie te nuble tu capacidad de sentir

Que nadie logre que dejes de luchar

Y que nadie jamás apague tu fe y tus ganas de vivir y, sobre todas las cosas, que nadie te arrebate tus ganas de amar.

Perdida

Camino sin ti, me siento perdida,
no sé a dónde ir
Estoy tan vacía, camino sin ti,
no tiene sentido
Me siento morir y pierdo mi mente por ti
Y paso que doy, lo doy por tu amor
Y cada triunfo es en tu honor
Y tú que no sabes que estoy loca por ti
Que nunca me he ido, que sigo aquí
Y tú que no sabes que me muero sin ti
Y que vivo a medias si no estás aquí…

Enamoramiento

No te digo que no pero tampoco digo que sí
Si pudiera explicar lo que siento
Si pudiera decir que estoy muriendo
y que ya no aguanto más
No sabes cuánto te quiero, pero a veces
puede más el miedo, es la sombra en ti
que me frena a seguir y me confunde
al estar junto a ti
Dime que me quieres como yo te quiero
Dime que no habrá más problemas
Dime cómo puedo, dime cómo arreglo este
sentimiento que me trae dando vueltas,
no hay prisa yo lo sé
Algún día lo sabré, no sé qué tienes
pero me enamoré…
Es tu forma de ser o tu forma de mirar
O será que al sonreír tú me matas
Es la marca de tus besos que me llevan
al cielo

Eres tú quien me pone de nervios
Tú el que no me deja pensar, el que sin querer
alteró los latidos de mi corazón...
Es que no había vivido lo que me haces sentir
No sé qué va a pasar pero ya no puedo más...
Esta espera me mata, no sé si frenarme
o no parar
Si lo que sientes es verdad,
no me dejes renunciar.

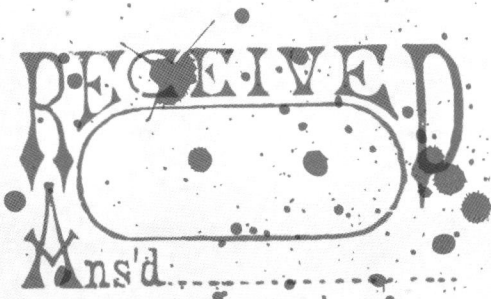

Dime cómo hacer para acercarme a tus silencios

*Dime cómo saber, si vale la pena
este sentimiento
Porque no es fácil, te juro no sabes
cómo duele perderme así… Porque no
puedo más seguir aguantándome así
Dime cómo saber si aún piensas en mí
Dime cómo explicar lo que siento por ti
Dime cómo arreglarlo, dime
cómo explicarlo
Dime si debo gritarlo o guardarlo
en mis labios, amor
Dime cómo entender, cómo fue
que sucedió
En un día mi vida cambió
Y no entiendo qué derecho tendrás
para llegar a mi mundo y partirlo
a la mitad.*

Le pido a la luna

*No importa dónde estés ni lo que estés haciendo
en este momento
Lo que importa es que sepas que cada instante
de mi vida he pensado en ti
Que aun sin conocerte, cada paso en mi camino
ha sido para llegar a ti
Y cada mañana abro los ojos con la esperanza
de encontrarte
Tarde o temprano llegarás
Y cada noche le pido a la luna que te guíe por la vida
Para que llegues pronto por mí.*

*No importa qué has vivido antes de mí, lo que importa
es que, aun sin conocernos, el amor ya existe en mí
y que mis lágrimas por fin llegarán a su objetivo
Porque sólo con saber que existes, tú me haces vivir…*

*Y cada lágrima y cada golpe por fin tendrán sentido.
Volvería a recorrer el mismo camino si fuera para encontrarme contigo…*

Prisionera

Sigo aquí sabiendo que no debería
Sigo aquí llorando sin parar,
sabiendo que tú no cambiarás
Es inútil seguir así, mi cabeza quiere renunciar
Pero mi corazón no puede parar
Prisionera de tus besos
Prisionera de tu piel
Atada a tu recuerdo, condenada estoy
Prisionera de tu espacio
Prisionera de tu amor
Atada a tu recuerdo, condenada estoy
Sigo así, dejándome robar por ti, tierno ladrón
Si te acuso, te defiendo en un segundo
Es inútil seguir así, mi cabeza ya no cree en ti
Pero mi tonto corazón a veces sí

Ruinas
de un amor

Tengo tu suéter en el clóset
tengo tus cartas en una caja
nuestro anillo he vuelto
a esconderlo con la esperanza
de no volver a encontrarlo
como siempre, te has ido
pero como nunca,
hoy no te espero...

Dime ahora, qué hago con tus caricias
qué hago con mis recetas de cocina
a quién le regalo este calor
que sólo despierta con tu voz
dónde guardo este corazón que vive sin razón
dime qué hago con mis fantasías
de dónde saco las sonrisas para mi vida
en dónde aviento nuestra construcción a medias.

Si vuelves algún día,
sólo encontrarás las ruinas
de un amor que abandonaste
aún con vida...

No he querido aprender

Sé que he fallado
lo confieso y me arrepiento
quisiera regresar el tiempo
para besarte sólo una vez más...

Y no sé, no sé si mañana te irás
no sé si te quedas o ya no estás
tal vez maté tus ganas de amar
tal vez di todo el amor que pude dar...

Post Card

Sé que me he secado
te di hasta la última gota de mi ser
quisiera arrancarte de mi mente
borrar tu imagen que tiernamente me rompe el
corazón…

No sé cómo olvidarte
porque no he querido aprender
y me hace feliz amarte en algún rincón de mi ser…

Todavía

Todavía escucho nostalgia en tu voz
Aún existe un poco de amor
En este tiempo de amor y dolor
A dónde has ido, qué fue de los dos…
Todavía encuentro señales de amor
Tengo tus cartas en mi cajón
Sólo en mis sueños te abrazo mi amor
Y me pregunto si un día escucharás mi canción
Y vivo noche y día con tristeza escondida
Frenando mis sentidos y buscando una salida

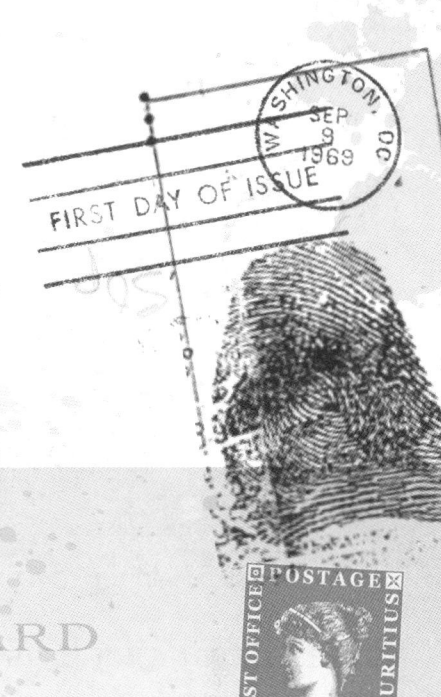

Preguntándole al destino si te veré algún día
Los latidos de mi alma no te olvidan todavía
Aún escribo canciones de amor
Aún te pienso las 24 horas del reloj
En cada paso te busco y encuentro dolor
Que rápido el tiempo y que cruel tu partida
Que corta la vida que no nos dio tiempo
Ni para la despedida…

Al fin entendí

De qué me sirve amarte tanto si al final
siempre te vas
si me haces vivir y luego me dejas morir
quisiera llegar a un lugar
donde nunca nos tengamos que ir
donde pueda amarte y llenar cada espacio de tu ser.
Si pedirte que no te vayas, bastara para que
te quedaras, entenderías que con tu ausencia mi
alma se desintegra y que vivo por ti aunque
no estés aquí...

La distancia no ha hecho efecto en mi corazón

nuestro amor no se acaba en este adiós...

de qué sirvió amarte tanto si en un parpadeo te perdí

si te necesito y sé que ya no estás aquí.

Tenías mi alma en tus manos y eras dueño de mi piel

decías que eras mío y yo te quise creer...

Hoy sé bien que no era así, por fin lograste

que me alejara de ti

y al fin entendí que no eras para mí.

Caja del tiempo

Quisiera tener una caja del tiempo donde todos los momentos sean eternos y no etéreos.

*Quisiera que los momentos mágicos
no se fueran jamás,
¿será que la magia siempre tiene un final?
Quiero entender por qué será que en la vida
nada permanece igual, ¿por qué te vas?
¿Por qué me voy?
¿Será que algún día te volveré a encontrar?
Quisiera encontrar el remedio perfecto para no
extrañar, entender que la vida te da momentos
inolvidables para guardar…
Quisiera que esos momentos no se fueran jamás
o poder regresar el tiempo para volver
a empezar.
Quisiera entender por qué será que en la vida
nada permanece igual.*

Agonía

La agonía de nuestro amor
Duele tanto un nuevo adiós, en qué momento
se salió de mis brazos tu pasión
En qué momento deje de encontrarme en tu mirada
en qué momento me perdí
en qué momento te perdí
sin querer, sin poder evitar que ese amor
que había en ti cambiara de rumbo…
Si mi camino no coincidía con tu destino
Si tu felicidad no estaba en estos brazos
Qué hago yo si di todo lo que había en mí
Si te entregué mis sueños, mi alma, mi luz
y mi cuerpo y con el tiempo nos fuimos diluyendo
Tu frialdad congeló los caminos
que mi corazón hacía para encontrarme contigo
Con lágrimas en el alma me despido…
y te dejo en el cielo escrito un hasta siempre
por si un día el viento cambia de rumbo
y nos trae de regreso aquel amor
que nos ha robado el tiempo.

de un amor

Nada nos pertenece

El destino es sabio, las cosas más hermosas
siempre estarán ahí si no intentas poseerlas
sólo admirarlas y disfrutarlas
porque lo más simple siempre es lo más complejo
y siempre está ahí para enseñarte algo...

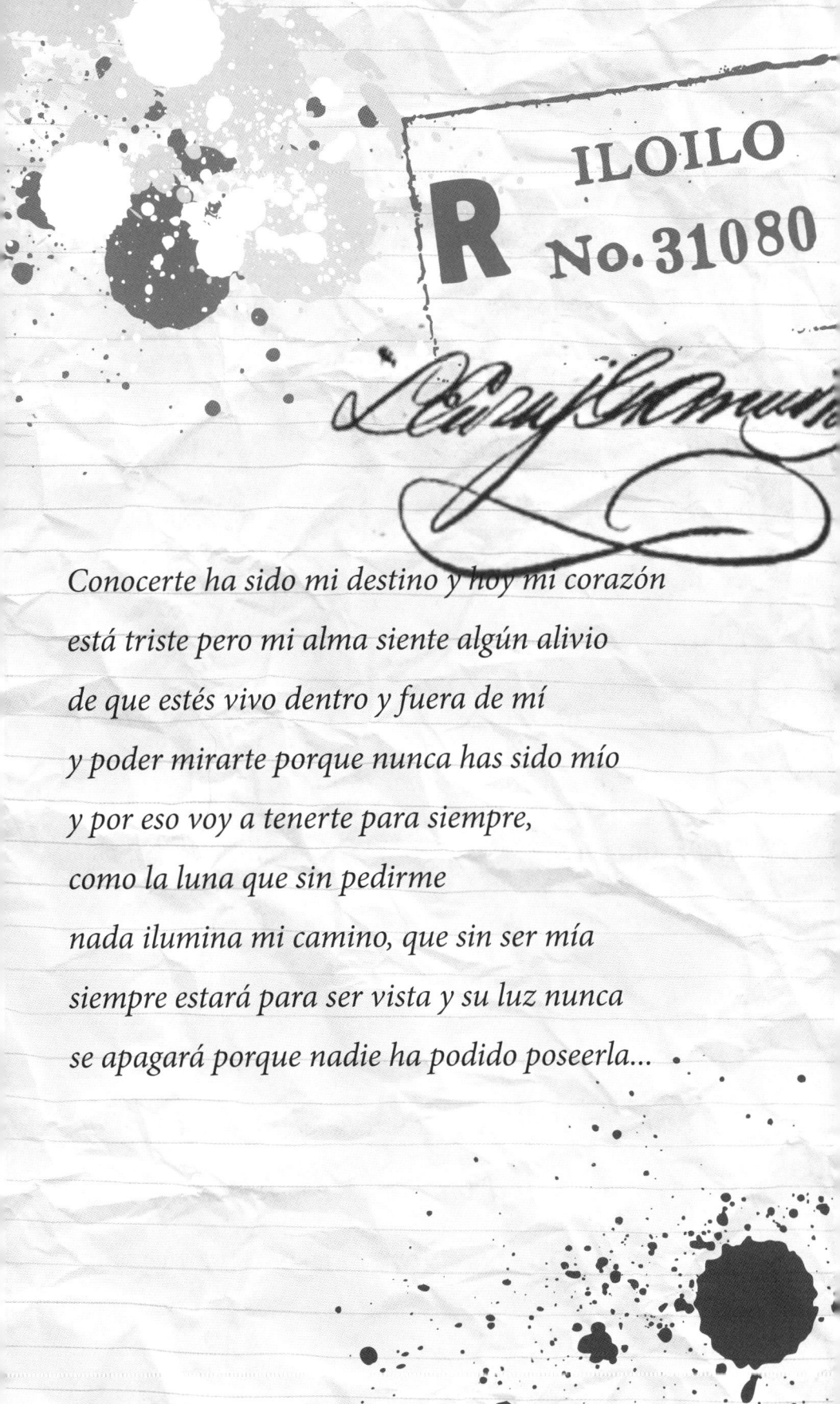

Conocerte ha sido mi destino y hoy mi corazón
está triste pero mi alma siente algún alivio
de que estés vivo dentro y fuera de mí
y poder mirarte porque nunca has sido mío
y por eso voy a tenerte para siempre,
como la luna que sin pedirme
nada ilumina mi camino, que sin ser mía
siempre estará para ser vista y su luz nunca
se apagará porque nadie ha podido poseerla...

*Te pienso todas las horas del día, te sueño cada vez
que cierro los ojos, te busco en todas partes
y te encuentro en cada detalle
He llegado a pensar que te he perdido, y cuando más
te necesito, apareces en las cosas más simples,
recordándome que nunca te has ido, que sigues conmigo…
Te pienso despierta y te extraño hasta dormida
y aunque ya no recuerdo el sonido de tu voz, me hablas
a cada instante y todavía haces que sonría…
porque aun desde lejos seguimos conectados,
estás conmigo y me dices: "sonríe" desde lejos
y sonrío para ti, porque sé que me ves y que tú
te sentirías feliz.
Es difícil estar de pie con tantos golpes que da la vida
pero el recuerdo de tu amor me da la fuerza
para enfrentarla y sonreír entre lágrimas una vez más.*

Carta de consuelo

SAYRE, PA.

Si un día no encuentras luz a tu mañana
aquí está mi vida, para alumbrar tu camino
cada madrugada.

Si un día no le encuentras sentido a tu vida
piensa que la magia existe
y aquí está mi mano para juntos encontrar el ru

No todo está perdido, piensa en mí yo sigo aquí

Si se rompieron tus alas y hoy no puedes volar

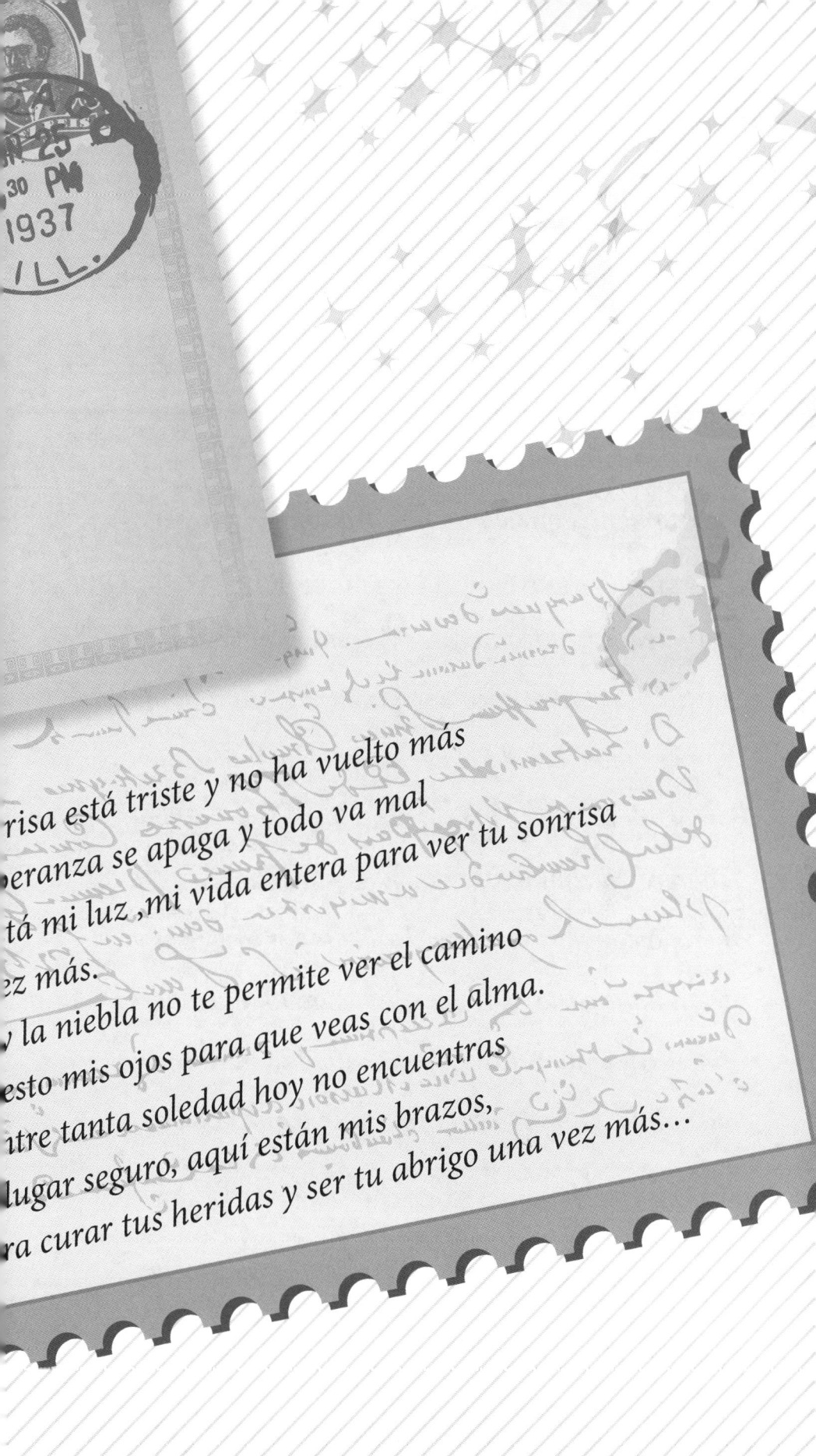

*Al parecer todo terminó, fueron tantos momentos
tantas pruebas, tantos logros, tantas sonrisas,
tantas lágrimas, tantas batallas… Al fin hoy termina
lo que parecía inagotable, no hay nada que hacer,
sólo agradecer y guardar esos momentos,
esos pequeños instantes que marcan tu vida
eternamente, que en lo más profundo de tu ser,
no se puede confundir un corazón, ahí el amor es puro,
sin miedos, sin fronteras, sin condiciones, ahí no
sustituyes el amor por compañía, ahí no te conformas
con la materia, sólo te llena la magia que sin aviso
te sorprende, que sin esperarla llega, que sin llamarla
aparece en el momento menos indicado…
Pero lo convierte en el mejor de todos, así es la vida
te da unas cosas por otras, no te da lo que esperas
sino lo que necesitas, hoy no entiendo nada,
no sé hacia dónde vayamos, sólo sé que volvería
a recorrer el camino andado, por ver una vez más
esa sonrisa de corazón gitano…*

Encuentro

¿Quién serás tú?
Será que te he encontrado
Aún no logro descifrar los mensajes de la luna
Es traviesa y habla rápido
El viento es misterioso y en su silencio
un mágico momento que me habla de ti
Con la luna en mi ventana
comprendo muchas cosas
que me hacen pensar que eres tú
Hoy despertaron mis emociones
hoy mis sueños recordaron que se pueden cumplir
hoy mis ojos se encendieron al mirarte

y aun sin tocarte mi cuerpo vibró al tenerte frente a
mí, ¿por qué te he topado tantas veces y nunca te vi?
¿Por qué gritamos tantas veces y nunca nos escuchamos?
Porque vivíamos en el momento incorrecto
y no lográbamos coincidir
y hoy no sé qué pasó, pero sólo estamos tú y yo
con miedos, con sueños y hambre de amor
No necesito una razón para estar contigo hoy
si arriesgarse es vivir, no permitiré que el miedo
me robe la vida, ni me ciegue el corazón
Hoy voy a pensar en ti, sin temor a que lo que siento
pueda morir...

Intento bajarle el volumen a mis pensamientos
que sólo me hablan de ti
Intento ecualizar mis sentimientos que se vuelven
locos por ti
Y al final no encuentro la frecuencia perfecta
para no extrañar, intento no pensar
para poder sentir
Y si siento, me descubro pensando en ti
Dulce ironía de la vida, escapo de ti y sin moverte
me alcanzas, me escondo de ti y en mi escondite
te encuentro a ti

Intento fallido

Intento perderte en el camino y me doy cuenta

que al final tú eres mi destino

Intento no recordarte, pensando en cómo olvidarte

y al final reconozco que el amor es un arte

Porque no hay manera de borrarte

Vaya que es difícil alejarme de ti

Por eso sigo en el intento, porque no,

aún no quiero que se apague tu recuerdo…

THIS SPACE FOR CORRESPONDENCE

Si el paraíso terrenal existiera sería a tu lado, porque no me veo más plena y más feliz en otros brazos.

Porque por más caminos que recorra, todos me llevan a ti... porque no pienso perder la libertad del verdadero amor por una ilusión fugaz.

Porque al besarte me llevas al cielo y nos perdemos en el cuerpo para encontrarnos en el alma y al regresar, ya somos uno... con la fuerza de todos los mares que yo cruzaría para llegar de nuevo a ti.

Porque al ver el sol te sientes vivo y yo al verme en tu mirada entiendo el porqué de mi existencia y no pasa un minuto que no te piense y no te agradezca por hacerme feliz día a día, con la sabiduría de tu amor y la magia de tu ser.

Call again

ARD

THIS SPACE FOR ADDRESS ONLY

Paid
5 CENTS.
J. P. JOHNSON,
P.M.

Utopia

The Pennsylvania Railroad Co.
PACKAGE STAMP **12** CENTS
Liability limited
D 75826

Nunca mueres

Qué momento tan mágico, mueres pero no mueres
te vas pero no te vas, permanecerás para siempre
en el roce del viento, en la cima de las montañas…

Te recordará el vuelo de los pájaros, la tranquilidad
del océano, el canto de un ave, la arena que guarda
tu esencia, la espuma del mar que trae consigo
la magia de tus memorias, las piedras que sufren
en silencio y la sal del mar que lleva sus lágrimas
al corazón del océano.

Los árboles que te observan y te escuchan,
son testigos de tus más profundos sentimientos,
memorias y sueños.

Nunca mueres…

Muere un cuerpo, pero tu espíritu vivirá por siempre
en cada amanecer, en cada estrella, en cada grano
de arena seguirán tus huellas que marcaste
en esta tierra con cada reto, con cada sueño,
porque nunca te diste por vencido, aquí sonará
el eco en la eternidad de tu paso en esta vida,
y se oirá tu risa desde donde sea que estés…
porque necesitaré tu guía para alcanzarte
algún día allá donde sé me estarás esperando…

Ensueño

En el misterio de la noche, donde el viento choca
con las nubes, se hace música que alimenta mi esencia.
Donde las estrellas me cuentan leyendas del alma,
del mundo y lentamente me hipnotizan.
Cuántos siglos llevan ahí y nadie ha podido
alcanzarlas.

Escucho su risa y me doy cuenta que me basta
con poder seguirlas y que me sirvan de guía.
La luz azul de la luna atraviesa mis pupilas
como si fuéramos una misma, y eres a veces tan distante,
tan cambiante, pero aun de día cuando estás escondida
sé que estás ahí en algún lugar del cielo, traviesa y miste-
riosa, intensa y mística, como esta gran noche mágica
y oscura, de luz y de sombra, brillante y tan profunda,
tan silenciosa que puedo escuchar el alma del universo,
la música del viento, la risa de las estrellas,
el eco del tiempo...

O. K

Ver el reflejo del universo en las aguas saladas, escuchar el murmullo de las hojas de los árboles, la nostalgia cae como gotas de agua, son las lágrimas de la esperanza y en un instante todo parece haberse ido...

Las nubes y la niebla han borrado las estrellas, ya no hay luz azul, ni música del viento, sólo ruido de coches y humo que cubre de gris el cielo.

A veces la niebla te impide ver el camino, pero siempre hay una corriente de aire que sabe llegar para despejar tu rumbo y las flores te toman de la mano para que no estés solo en tu recorrido.

Cuando creas que todo está perdido y que el mundo te ha abandonado, recuerda que tienes al viento cantándote al oído, a las estrellas guiando tu camino, a la luna iluminando a los árboles para compartir contigo su sabiduría, a las flores para recordarte que lo más hermoso está en los detalles y es gratis, y al sol, que te ilumina y calienta todos los días ...Y si no es suficiente para no sentirte solo, simplemente recuerda que te tienes a ti y que cada vez que respiras es una oportunidad para cambiar el rumbo y encontrar lo que te hace feliz.

Tú, no hay nada más que decir
Tú, no necesito palabras
Sé que en mis ojos encuentras
un espejo que te asusta y a la vez te llama
Tú, mi reflejo, mi veneno
tan lejos y tan cerca
tan distintos y tan similares
separados pero conectados
no tengo que pedirte que vengas
para que me extrañes
no necesito que me llames para volver

Mi reflejo, mi veneno

Cartolina Postale Italiana
(CARTE POSTALE D'ITALIE)

eres mi otra parte
en cualquier lugar del mundo
estamos sincronizados
por eso ya no tengo miedo de perderte
porque sé que en donde estés
eres mío y yo soy tuya
en la eternidad de un momento
en la inmensidad de un sentimiento
que no termina en esta vida
Por eso sigo mi vida tranquila
porque algún día en alguna vida
estaremos completos, aunque ahora
estemos a la mitad...

La derrota de un amor

Qué difícil aceptar la derrota de un amor
Donde tú y yo luchamos con el alma hasta el final
Fuimos testigos mudos de la agonía de nuestro
amor…

Y se destruyen los sueños y se evaporan los besos
Se disuelve tu imagen pero sigues en todas partes…
Te llevo en mí, como a las olas lleva el viento
Como una fuente en el desierto eras tú para mí.
Te veo en mí, como espejismo que aparece
y desaparece, dejando sólo realidad.

Como un dragón, que lucha y muere, me quedé sin
alas y sin jinete.

*Aquí soñando despierta, descubro en ti
la manera de perderme en la nostalgia
sin boleto de regreso.
Desearte es sufrir en silencio
sufrir es perder la fantasía de que seas mío
aceptar que esta vez te pierdo completo
y no intento detenerte.*

*¿Quién te dejo ir niño viajero,
dónde hay un boleto que te traiga de regreso?
¿Quién te dejo ir ladrón de sueños?
Devuélveme mi alma que voló hacia
tu encuentro…*

Dejarte ir...

Soledad

Sola sin un abrazo que me diga que todo estará bien
Sin una mano que me guie y me acompañe en el dolor
Sola con mis lágrimas cansadas
Llorando por dentro por fuera parezco de acero
Sola sin que me alcance el aire para respirar
Sin ilusiones que me ayuden a soñar
Harta de buscar y encontrar soledad
Harta de creer y encontrar realidad
Harta de luchar entre tanto egoísmo

Cansada de ser fuerte sin decir que estoy muriendo lentamente
¿Para qué mis manos si no tienen a quién acariciar?
¿Para qué mis labios si no tienen a quién besar?
¿Para qué mis sueños si no tienen con quién hablar?
¿Para qué mi cuerpo si no tengo a quién amar?
¿Para qué gritar si nadie me va a escuchar...?

Entre el mar y la luna

Te imagino así ojos de cielo
Mi corazón es un desierto porque no estás
Te espero aquí
Sin calma pero sin prisa
Al final de la noche el día llega con alguna ilusión
que me cuenta que trae mensajes de tu amor
Entre el mar y la luna no encuentro la distancia
entre tu piel y la mía, de tu espalda y mi boca,
de tu vida y la mía…

Si el reflejo aún alumbra la noche de nuestros días
Te recuerdo así, cruel tu silencio
Cruel el momento en que te conocí
Me iluminaste el alma con estrellas falsas
Con la luna llena me dijiste adiós y me devoraste
entera, mi cuerpo, mi fe, mis ganas…
Hoy no encuentro más hechizos de amor
que te hagan volver a mí…

Agradecimiento tardío

Hoy me he dado cuenta que a pesar
de la distancia que nos separa, la pureza
de un corazón no entiende del orgullo
tampoco de kilómetros.

Hoy me he dado cuenta que aunque ya no
estás conmigo tu recuerdo me hace sentir viva.
Aun sin saberlo me haces sonreír, sin saberlo
me haces soñar, sin saberlo me haces llorar...

Hoy no sé cómo agradecerte todo el amor
que me entregaste sin pedir nada a cambio.

Hoy te doy las gracias por amarme
y me arrepiento por haberte amado tarde
y en silencio, por no entregarte todo lo que
pude darte.

Hoy quisiera regresar el tiempo, congelar nuestra última noche y pedirte que nunca
te fueras.

Pero desgraciadamente ya es muy tarde, ya te has ido a un lugar donde yo no puedo alcanzarte, mi voz te llama y mis lágrimas reclaman tu partida inesperada.

Cómo duele tanta pena, cómo pesa tanta espera. Cómo curar un desengaño que me arrebata el aliento, que me destruye por dentro, que cada momento abre una herida que nunca cicatriza.

La sangre hirviendo corre por mi cuerpo y justo aquí en mi pecho siento que se incendia un sueño, se hace trizas mi ternura y la esperanza tiene dudas.

Te agradezco que aun muriendo me hagas vivir. Te agradezco que este dolor que me está matando sea el mismo que me hace seguir luchando.

El mito del olvido

¿Por qué olvidamos? Gran pregunta. Seguramente te has preguntado ¿cómo pude olvidar a alguien tan importante, o cómo pude olvidar lo que vivimos?

En fin, yo no creo en el olvido. El olvido es matar tus memorias, es borrar tu historia, los antecedentes de la persona que hoy eres...

Por eso me cuesta tanto entender porqué la gente se va y porqué las cosas terminan o cambian.

Lo cierto es que creo firmemente en que siempre se llevan algo y siempre nos dejan algo... Para algunos es más fácil desprenderse de las cosas o personas, a otros nos cuesta más trabajo, al final es importante tener presente que nada ni nadie nos pertenece y que lo único permanente es el cambio.

Sin embargo, te puedo asegurar que nadie te ha olvidado, que estás en la memoria de muchas personas que se han cruzado en tu camino, aunque la vida siga, aunque el mundo gire y no se detenga, las huellas que las personas han dejado en ti nunca se irán, porque te enseñaron algo, y las huellas que tú dejes en las personas, procura que sean positivas para que, aunque sea muy dentro de ellas, guarden de ti una buena historia. Aunque creo que el olvido al 100 por ciento no existe, creo que los humanos guardamos muchas cosas importantes en la caja de nuestra alma para que no nos lastimen, para que no nos descubran, para que no nos duela o para no enfrentar…

Yo quiero compartir contigo todas las veces que me he sentido olvidada… Pero lo que hoy vale la pena es que me di cuenta que nadie, ningún ser humano puede olvidar su historia, y que no vale la pena tratar de olvidar, al contrario hay que aprender y agradecer a Dios y a la vida por reír, por llorar, por compartir, por caer, por levantarnos y vivir intensamente. Eso es lo que vale la pena, arriesgarte y ser tú mismo sin preocuparte si serás recordado o no, tener la certeza de que siempre diste lo mejor de ti, de que te entregaste al máximo… Y recuerda, cada corazón es un mapa, nadie puede ocupar tu lugar porque es sólo tuyo y siempre habrá alguien que te va a recordar.

Sobre *Dulce y Amargo*
…Voces de sus lectores

Me enseñó que todos sufrimos amamos y nos confundimos en algún momento, todos, sin importar quién seas, hemos estado confundidos de quiénes somos y quién quiere que seamos la sociedad, lo importante es ser tú mismo y luchar aunque estés solo en tu lucha.

Yvette, 19 años, USA.

Fue y es mi fuerza en los momentos más débiles cuando siento que no puedo más.

Draga Miskovic, 16 años, Croacia.

Me enseñó que no importa de dónde eres ni cómo eres, tus sueños son válidos, siempre.

Renata Santos, 19 años, Brasil.

Me mostró que de cada experiencia, no importa lo dolorosa que sea, puede salir algo hermoso.

Isabel Medina, 22 años, Venezuela.

Es mi refugio cuando quiero escapar del mundo y no tengo adónde ir.

Anne Karoliny, 18 años, Brasil.

Significa que la vida tiene momentos dulces y amargos, pero al final, siempre sale el sol.

Michelle, 16 años, Venezuela.

Cuando leí Dulce amargo, me abrió los ojos a muchas cosas... lo más importante es ser tú mismo.

Katarina, 21 años, Bosnia.

En mis días más difíciles en los que ya no creía en nada siempre estuvo ahí para darme fuerzas y seguir soñando.

César, Monterrey, México.

Me enseñó que los malos tiempos son necesarios para conseguir buenos tiempos.

Eterna, 20 años, Brasil.

Significó un encuentro de almas que nos permitió compartir nuestros sueños y secretos.

Amanda, 19 años, Brasil.

Dulce amargo para mi es, las palabras que necesito escuchar cuando nadie me las dice e indirectamente apareces tú y lo haces...

Rita Pescadiña, 21 años, Portugal.

Es tu alma reflejada en páginas "los sueños son la única puerta hacia la eternidad."

David, 20 años, España.

Me enseñó que yo puedo ser mi mejor amigo...

Higor, 16 años, Brasil.

Para mí significa algo muy especial: Una ventana abierta donde puedo ver los sentimientos más especiales de una de las personas que más amo en esta vida. Un libro donde muchas veces me pude identificar con sus textos tanto de alegría como de dolor y que me enseña algo nuevo, cada vez que lo leo le encuentro significados distintos dependiendo de lo que esté viviendo en ese momento. Es un mundo intenso atrapado en letras.

Andreina, 25 años, Venezuela.

Me enseñó a ver un mundo distinto a través de tus ojos, a poder ver emociones y sentimientos.

Maria Parau, Rumania.

Me recordó algo muy importante: Que nunca hay que rendirse, hay que luchar por aquello que queremos siempre.

Polonia, 35 años, España.

Cuando estoy triste o feliz siempre encuentro palabras que me dan fuerza para seguir luchando.

Paloma, 22 años, Brasil

Me enseñó a cambiar el miedo por fuerza, a luchar como guerrero.

Isaac Quiñones, México.

Me ayudo a superar muchas fases de mi vida.

Ana Paula, Brasil.

Es expresar cosas que de alguna manera nos llega a todos nosotros y lo relacionamos con algún momento de nuestra vida.

Héctor Suárez, México.

Fue un privilegio conocer tu alma. Saber que eres y sientes como nosotros, hay algo especial en tu corazón que me tocó.

Patricia, Brasil.

Me enseñó a no rendirme a seguir luchando, a creer. Me enseñó que soy especial como cada ser humano.

SS., Serbia.

Una luz en los momentos más oscuros, palabras amigas cuando más las necesito y motivación para seguir adelante.

Clara, 20 años, Brasil.

Es una búsqueda constante del amor donde me di cuenta que él se encuentra en lo más simple de la vida.

Samantha, 18 años, Brasil.

Significó reencontrarme conmigo misma, fortalecerme e identificar mis sentimientos en cada frase.

Raquel, 22 años, España.

Este libro me ha abierto los ojos, está lleno de magia, sueños, realidades; es mi inspiración.

Silvia Zadorova, 22 años, Eslovaquia.

Es conectarte contigo misma. Es aprender a aceptar a los demás y sobre todo vivir la vida intensamente.

Ana, Puebla, México.

Datos de contacto

Tweeter: **@dulcemaria**

Facebook: **Dulcemariaoficial**

Instagram: **@dulcemaria**